Die erste dampfbetriebene Lokomotive

Die erste dampfbetriebene Lokomotive, die erfolgreich auf einer Schiene fuhr, hieß **"Puffing Billy"**. Sie wurde **1814 in England** gebaut und hatte Holzräder, die auf Schienen liefen. Die "Puffing Billy" wurde von dem britischen Ingenieur William Hedley entworfen und für eine Kohlemine namens Wylam Colliery in Northumberland gebaut. Sie wurde verwendet, um Kohle von der Mine zum nahe gelegenen Fluss Tyne zu transportieren. Die Lokomotive hatte zwei Zylinder und arbeitete nach dem Prinzip der "Adhäsionskraft". Das bedeutet, dass sie durch die Reibung zwischen den Holzrädern und den Schienen angetrieben wurde. Obwohl die "Puffing Billy" erfolgreich war, hatte sie auch einige Nachteile. Die Holzräder verschlissen schnell und mussten regelmäßig ausgetauscht werden. Außerdem neigte die Lokomotive dazu, sich bei nassen Wetterbedingungen auf den Schienen zu drehen. Die ursprüngliche "Puffing Billy" ist nicht mehr erhalten, aber eine exakte Nachbildung befindet sich heute im Nationalen Eisenbahnmuseum in York, England. Es ist faszinierend, eine Replik dieses historischen und skurrilen Stücks Eisenbahngeschichte zu sehen.

"Das Rattern der Räder auf den Schienen ist wie Musik für die Seele der Eisenbahnliebhaber."

Der Rückwärtsgang

In den frühen Tagen der Dampflokomotiven gab es **kein Rückwärtsgan**g. Wenn die Lokomotive ihre Richtung ändern musste, wurde sie von einer Gruppe von Arbeitern von Hand gewendet. Um eine Dampflokomotive ohne Rückwärtsgang zu wenden, musste sie tatsächlich von einer Gruppe von Arbeitern oder manchmal sogar von Pferden oder Ochsen per Hand gedreht werden. Dies erforderte viel körperliche Anstrengung und Koordination. In einigen Fällen mussten die Arbeiter die Schienen anheben und die Lokomotive buchstäblich umsetzen, um ihre Richtung zu ändern. Um den Prozess des Wenden zu vereinfachen, wurden spezielle "Wendezirkel" oder "Wendeschleifen" an manchen Bahnhöfen oder an strategischen Stellen entlang der Strecke errichtet. Diese ermöglichten es den Lokomotiven, ihre Richtung zu ändern, ohne dass eine physische Drehung erforderlich war. Mit der Weiterentwicklung der Dampflokomotivtechnologie wurde schließlich der Rückwärtsgang eingeführt, was das Wenden und die Manövrierfähigkeit erheblich erleichterte. Das war definitiv eine Erleichterung für die Lokomotivführer und die arbeitenden Menschen entlang der Strecke.

Der berühmte Zugraub

Im Jahr **1865** fuhr eine Lokomotive namens **"The General"** während des Amerikanischen Bürgerkriegs in einem Zugraub davon. Der Raub wurde von einer Gruppe Nordstaatler durchgeführt, die versuchten, den Zug der Konföderierten zu stehlen. "The General" war eine Lokomotive der Western & Atlantic Railroad und wurde 1855 in Massachusetts gebaut. Während des Bürgerkriegs wurde sie von der Konföderiertenarmee eingesetzt, um Truppen und Versorgungsgüter zu transportieren. Am **12. April 1862** ereignete sich der berühmte Zugraub. Eine Gruppe von Nordstaatlern, unter der Führung von James J. Andrews, überfiel "The General" in Big Shanty, Georgia. Ihr Ziel war es, die Lokomotive zu stehlen und damit hinter die feindlichen Linien zu fahren, um Verwirrung zu stiften und Eisenbahnbrücken zu zerstören. Die Geschichte des Zugraubs wurde **1956** unter dem Titel **"The Great Locomotive Chase"** verfilmt. Der Film wurde von Walt Disney produziert und basierte auf den Ereignissen um "The General" und den Zugraub während des Bürgerkriegs.

"Die Eisenbahn ist ein Symbol für Bewegung und Reise - sie eröffnet uns neue Horizonte."

Die schnellste Dampflokomotive

Die schnellste jemals auf Schienen gefahrene Dampflokomotive war die britische **"Mallard"**. Im Jahr **1938** erreichte sie eine Geschwindigkeit von unglaublichen **202,8 km/h**. Am **3. Juli 1938** erreichte die "Mallard" eine Geschwindigkeit von 202,8 km/h (126 mph) auf einer abschüssigen Strecke bei Stoke Bank in der Nähe von Grantham, England. Dieser beeindruckende Rekord steht bis heute und wurde nie von einer anderen Dampflokomotive übertroffen. Die "Mallard" gehörte zur Klasse A4 der London and North Eastern Railway (LNER). Sie wurde von dem Ingenieur Sir Nigel Gresley entworfen und 1938 gebaut. Die Lokomotive war für den Hochgeschwindigkeitsverkehr zwischen London und Edinburgh vorgesehen. Um die Geschwindigkeit der "Mallard" zu erreichen, wurden einige Modifikationen an der Lokomotive vorgenommen. Unter anderem wurde der Schornstein vergrößert und die Räder wurden speziell für höhere Geschwindigkeiten ausgelegt. Die "Mallard" ist heute ein Ausstellungsstück im **National Railway Museum in York, England**. Besucher können diese legendäre Lokomotive bewundern und mehr über ihren Rekord und ihre Geschichte erfahren.

"Church of the Latter-Day Dude"

Wusstest du, dass es eine **"Church of the Latter-Day Dude"** gibt, die den **"Dudeismus"** praktiziert? In den USA gibt es eine Gruppe von Menschen, die den Film **"The Big Lebowski"** verehren und sich auf den Charakter "The Dude" beziehen. Sie haben tatsächlich eine Dampflokomotive mit dem Namen "The Dude" restauriert und nutzen sie für ihre Versammlungen. Der Film "The Big Lebowski" aus dem Jahr 1998, der von den Coen-Brüdern inszeniert wurde, hat eine treue Fangemeinde entwickelt, die den Charakter "The Dude" (gespielt von Jeff Bridges) lieben und verehren. Die "Church of the Latter-Day Dude" wurde von Oliver Benjamin gegründet und basiert auf den Lehren des Dudismus. Sie betrachten "The Dude" als spirituellen Leitfaden und fördern einen entspannten und sorgenfreien Lebensstil. Die Mitglieder der "Church of the Latter-Day Dude" treffen sich in regelmäßigen Abständen zu "Dudeistischen Versammlungen" oder "Lebowskianischen Klerikalsitzungen", bei denen sie sich austauschen und ihren Lebensstil zelebrieren.

"In der Welt der Lokomotiven gibt es keinen Stillstand - sie sind immer auf dem Weg zu neuen Zielen."

Die Lokomotive "The Crampton"

Die Lokomotive "The Crampton" war eine berühmte Dampflokomotive, die in den 1840er Jahren in Großbritannien im Einsatz war. Um den Funkenflug zu reduzieren, wurde sie mit einem riesigen Schornstein ausgestattet. Allerdings führte diese Lösung zu einem unerwarteten Problem. Die Passagiere in den Waggons beklagten sich darüber, dass Funken durch die Fenster in ihre Augen flogen und Unannehmlichkeiten verursachten. Um dieses Problem zu lösen, wurden die Fenster mit Tintenfässern ausgestattet. Die Idee war, dass die Tintenfässer die Funken auffangen und verhindern würden, dass sie in die Waggons gelangen. Es mag merkwürdig erscheinen, dass Tintenfässer verwendet wurden, aber die dunkle Tinte sollte die Funken absorbiert oder zumindest ihre Sichtbarkeit verringert haben. Ob diese Lösung tatsächlich effektiv war oder ob es zu anderen unerwünschten Nebenwirkungen führte, ist nicht überliefert. Dennoch bleibt es eine kuriose Episode in der Geschichte der Lokomotive und zeigt, wie Menschen kreative Lösungen finden, um auf unerwartete Probleme zu reagieren.

Die Kanone an Bord

In den frühen Tagen der Eisenbahn war es üblich, dass Lokomotivführer eine Kanone an Bord hatten, um Wildtiere von den Gleisen zu vertreiben. In den frühen Tagen der Eisenbahn war es üblich, dass Lokomotivführer eine Kanone an Bord hatten, um Wildtiere von den Gleisen zu vertreiben. Diese Tierabwehr bestand manchmal aus einer Art Kanone, die entweder mit Schrot oder mit Knallkörpern geladen wurde. Das laute Geräusch sollte die Tiere erschrecken und sie dazu bringen, die Gleise zu verlassen. Es gab Berichte, dass einige Lokomotivführer die Kanone tatsächlich benutzten, um auf Entenjagd zu gehen, während sie auf freier Strecke unterwegs waren. Es war eine Art Nebenbeschäftigung, während sie ihre Fahrt fortsetzten. Allerdings gab es auch Bedenken, dass der Einsatz von Kanonen zu unerwünschten Nebenwirkungen führen könnte. Das laute Geräusch konnte Pferde und andere Tiere, die sich in der Nähe der Gleise befanden, aufscheuchen oder beunruhigen.

"Die Eisenbahn ist ein lebendiges Zeugnis der industriellen Revolution und der Menschheit, die gemeinsam Berge versetzt."

Die weltweit kürzeste Bahnstrecke

Die weltweit kürzeste kommerzielle Bahnstrecke befindet sich in Zittau, Deutschland. Die Strecke ist nur **510 Meter** lang und wird von einer historischen Dampflokomotive befahren. Die Strecke, bekannt als **"Zittauer Schmalspurbahn"** oder **"Zittauer Mandau-Kurve"**, ist nur 510 Meter lang. Sie verbindet den Zittauer Bahnhof mit dem Vorort Zittau-Hirschfelde. Die Züge auf dieser Strecke werden von historischen Dampflokomotiven gezogen, die den Charme vergangener Zeiten vermitteln. Es ist ein beliebtes Ausflugsziel für Eisenbahnliebhaber und Touristen, die eine kurze, aber einzigartige Fahrt erleben möchten. Die kurze Strecke und die enge Kurve verleihen der Fahrt tatsächlich eine Art Achterbahngefühl. Es ist ein lustiges und ungewöhnliches Erlebnis, das man nicht oft auf einer Bahnstrecke findet. Die Zittauer Schmalspurbahn ist Teil eines größeren Schmalspurbahnnetzwerks in der Region und bietet auch längere Strecken für Passagiere an, die eine ausgedehntere Fahrt genießen möchten.

Die erste öffentliche Eisenbahn

Die erste öffentliche Eisenbahn der Welt wurde **1825** in England eröffnet und hieß **"Stockton and Darlington Railway"**. Sie wurde ursprünglich als Kohlebahn konzipiert, um Kohle von den Minen in Shildon und West Durham zur Stadt Stockton-on-Tees zu transportieren. Die Idee, auch Personen zu befördern, kam später hinzu. Die Eröffnung der Bahnstrecke fand am **27. September 1825** statt. Die Lokomotive **"Locomotion No. 1"**, entworfen von George Stephenson, zog die Züge und markierte somit den Beginn des öffentlichen Zugverkehrs. Die Eröffnungsfahrt der "Stockton and Darlington Railway" war ein historischer Moment. Die Zugwagen wurden von der Menge verfolgt und bejubelt, und Tausende von Menschen säumten die Strecke, um das Ereignis zu sehen. Obwohl die ursprüngliche Absicht darin bestand, Kohle zu transportieren, wurden schon bald auch Passagiere auf der Strecke befördert. Spezielle Personenwagen wurden für diesen Zweck eingesetzt, um den Menschen die Möglichkeit zu geben, mit der Bahn zu reisen. Die "Stockton and Darlington Railway" war ein Durchbruch in der Eisenbahngeschichte. Sie führte zur Entwicklung weiterer Eisenbahnlinien in Großbritannien und in anderen Teilen der Welt und trug dazu bei, den Transport und den Handel zu revolutionieren.

"Lokomotiven sind die stolzen Giganten der Schiene, die mit Kraft und Eleganz die Strecken erobern."

George Stephenson

George Stephenson wurde 1781 in England geboren und begann seine Karriere als Bergmann. Später entwickelte er ein tiefes Verständnis für Dampfmaschinen und begann, an der Entwicklung von Dampflokomotiven zu arbeiten. Im Jahr **1814** baute Stephenson die Lokomotive **"Blücher"** für den Einsatz in der Killingworth-Mine in Northumberland, England. Sie war eine der ersten erfolgreich eingesetzten dampfbetriebenen Lokomotiven und half dabei, den Kohletransport zu verbessern. Stephenson ist besonders bekannt für seine bahnbrechende Arbeit an der Lokomotive **"Rocket"**. Sie wurde **1829** für den Wettbewerb **"Rainhill Trials"** entwickelt, der von der Liverpool and Manchester Railway Company veranstaltet wurde, um die beste Lokomotive für den kommerziellen Einsatz zu finden. Die "Rocket" war eine Weiterentwicklung früherer Modelle und führte innovative Neuerungen ein, wie zum Beispiel den Dampfdom und den Schornstein mit einer konischen Form. Sie war die erste Lokomotive, die die Erfordernisse des Wettbewerbs erfüllte, und gewann mit einer Höchstgeschwindigkeit von **48 km/h (30 mph)**.

Die erste transkontinentale Eisenbahnverbindung in den USA

Die erste transkontinentale Eisenbahnverbindung wurde durch die Central Pacific Railroad (aus dem Westen) und die Union Pacific Railroad (aus dem Osten) geschaffen. Die beiden Eisenbahngesellschaften trafen sich schließlich am Promontory Summit in Utah. Das Treffen der beiden Eisenbahnlinien am Promontory Summit fand am **10. Mai 1869** statt und wurde mit einer feierlichen Zeremonie begangen. Dabei wurde der symbolische **"Goldene Nagel"** (Golden Spike) eingesetzt, um die Fertigstellung der Verbindung zu markieren. Der "Goldene Nagel" wurde aus massivem Gold gefertigt und war mit einer Inschrift versehen. Er wurde als Symbol für den Erfolg und die Einheit der Ost- und Westküste der Vereinigten Staaten betrachtet. Nach dem Einsetzen des "Goldenen Nagels" fuhr eine Lokomotive der Central Pacific Railroad auf die neu geschaffene transkontinentale Strecke und eine Lokomotive der Union Pacific Railroad in die entgegengesetzte Richtung, um die Verbindung symbolisch zu besiegeln.

"Die Geschwindigkeit der Lokomotive mag beeindruckend sein, aber ihre wahre Schönheit liegt in der langsamen und bedächtigen Reise durch atemberaubende Landschaften."

Die Elektrischen Lokomotiven

In den **1930er** und **1940er** Jahren erlebte die Elektrolokomotive eine verstärkte Entwicklung und wurde als Alternative zur Dampflokomotive eingesetzt. Elektrische Lokomotiven wurden aufgrund ihrer Vorteile in Bezug auf Effizienz, Umweltfreundlichkeit und geringerer Lärm- und Rauchemissionen immer beliebter. Sie waren besonders gut geeignet für den Personenverkehr in dicht besiedelten Gebieten, da sie keine Rauch- oder Dampfemissionen erzeugten. Elektrolokomotiven nutzen Elektrizität als Energiequelle anstelle von Dampf oder Diesel. Sie waren in der Regel mit einem oder mehreren Elektromotoren ausgestattet, die die Räder antrieben. Eine der frühesten und bekanntesten elektrischen Eisenbahnen war die "Baltimore and Ohio Railroad", die 1895 den elektrischen Betrieb auf einer Strecke in den USA aufnahm. In den 1930er und 1940er Jahren weitete sich der Einsatz von Elektrolokomotiven weltweit aus. Elektrische Lokomotiven zeigten eine hohe Leistungsfähigkeit und Effizienz, insbesondere auf elektrifizierten Strecken. Sie waren in der Lage, schnellere Geschwindigkeiten zu erreichen und konnten aufgrund der sofortigen Verfügbarkeit des elektrischen Antriebs einen reibungslosen und präzisen Betrieb gewährleisten.

Die Diesellokomotiven

Mit dem Aufkommen der Diesellokomotiven in den **1940er** und **1950er** Jahren wurde die Ära der Dampflokomotiven nach und nach abgelöst. Die Diesellokomotiven nutzen Dieselmotoren anstelle von Dampf, um die Räder anzutreiben. Dieselmotoren waren effizienter und boten ein höheres Drehmoment, was zu einer verbesserten Leistung und Geschwindigkeit führte. Eine der frühen Pioniere in der Entwicklung von Diesellokomotiven war die Electro-Motive Division (EMD) der General Motors Corporation in den USA. Ihre bekannte Lokomotive "FT" wurde 1939 eingeführt und setzte neue Maßstäbe für die Leistung von Diesellokomotiven. In den 1940er und 1950er Jahren begannen viele Eisenbahngesellschaften weltweit, Dampflokomotiven durch Diesellokomotiven zu ersetzen. Dies war insbesondere in Nordamerika, Europa und Australien der Fall. Mit der Ablösung der Dampflokomotiven durch Diesellokomotiven änderte sich nicht nur die Technologie, sondern auch das ästhetische Erscheinungsbild der Lokomotiven. Die markante Dampflok-Silhouette wurde durch die schlankeren und stromlinienförmigeren Designs der Diesellokomotiven ersetzt.

"Die Welt der Lokomotive ist voller Geschichten, die darauf warten, erzählt zu werden - sie sind die Helden der Schiene."

Standardisierung bei den Spurweiten

In den frühen Tagen der Dampflokomotiven gab es keine Standardisierung bei den Spurweiten. Jede Eisenbahngesellschaft hatte ihre eigenen individuellen Spurweiten, was den Transport von Gütern und Passagieren zwischen verschiedenen Strecken erschwerte. In den Anfangsjahren der Eisenbahn wurden verschiedene Spurweiten verwendet, da es noch keine einheitlichen Standards gab. Die Wahl der Spurweite hing von verschiedenen Faktoren ab, wie zum Beispiel geografischen Bedingungen, Platzverhältnissen und den Vorlieben der einzelnen Eisenbahngesellschaften. Dies führte zu einer Vielzahl von unterschiedlichen Spurweiten auf verschiedenen Strecken, sowohl innerhalb eines Landes als auch zwischen verschiedenen Ländern. Es gab schmale Spurweiten wie die 914-mm-Spur in Japan oder die 762-mm-Spur in einigen Teilen der USA, aber auch breitere Spurweiten wie die 1.435-mm-Spur, die heute als Standardspurweite weltweit am weitesten verbreitet ist. Die unterschiedlichen Spurweiten erschwerten den Austausch von Wagen und Gütern zwischen verschiedenen Eisenbahngesellschaften und Strecken. Der Umladeprozess war zeitaufwändig und umständlich, da die Wagen auf spezielle Drehgestelle oder Wagenbühnen gehoben und dann auf die jeweilige Spurweite umgesetzt werden mussten.

Die älteste noch in Betrieb befindliche Dampflokomotive

Die älteste noch in Betrieb befindliche Dampflokomotive der Welt ist die **"Fairy Queen"** in Indien. Sie wurde **1855** gebaut und wird heute für nostalgische Dampfzugfahrten in Rajasthan eingesetzt. Die "Fairy Queen" wurde 1855 von der britischen Firma Kitson, Thompson & Hewitson in Leeds, England, gebaut. Sie war ursprünglich für den Einsatz auf der Ostindischen Eisenbahn bestimmt und wurde nach Indien verschifft. Nach vielen Jahren des aktiven Dienstes wurde die "Fairy Queen" **1909** außer Betrieb genommen und stand lange Zeit in einer Werkstatt in Howrah. In den **1970er** Jahren wurde sie restauriert und wieder betriebsfähig gemacht. Seit ihrer Wiederherstellung wird die "Fairy Queen" für nostalgische Dampfzugfahrten in Rajasthan eingesetzt. Die beliebte Touristikbahnstrecke führt von Delhi nach Alwar und bietet den Passagieren die Möglichkeit, das nostalgische Flair der Dampflok-Ära zu erleben. Die "Fairy Queen" ist eine beeindruckende Maschine mit einer einzigartigen ästhetischen Gestaltung. Sie verfügt über eine 2-2-2-Radkonfiguration und einen offenen Führerstand, der es den Passagieren ermöglicht, während der Fahrt den Blick auf die vorbeiziehende Landschaft zu genießen.

"Die Eisenbahn ist ein Netzwerk, das die Welt verbindet und uns näher bringt."

Die Experimente

In der Anfangszeit der Eisenbahn gab es viele ungewöhnliche Lokomotivmodelle und Experimente. **Dampfgetriebene Zahnradlokomotiven** wurden entwickelt, um steile Steigungen und Gefälle zu bewältigen. Diese Lokomotiven waren mit speziellen Zahnrädern ausgestattet, die in eine Zahnstange eingriffen, die entlang der Strecke verlegt war. Dadurch konnten sie auch in steilen Gebieten problemlos vorankommen. **Segellokomotiven** waren eine interessante experimentelle Variante der Dampflokomotive. Bei diesen Lokomotiven wurde ein großer Segel an der Spitze des Schornsteins angebracht, um den Fahrtwind zu nutzen und den Zug voranzutreiben. Diese Idee basierte auf dem Prinzip der Segelschiffe. **Windkraftlokomotiven** waren eine weitere experimentelle Variante der Lokomotive. Anstatt Dampf oder andere Treibstoffe zu verwenden, nutzten diese Lokomotiven den Wind, um ihre Räder anzutreiben. Große Segel oder Windräder wurden auf dem Zug montiert, um die Windenergie zu nutzen. Ein weiteres ungewöhnliches Konzept war die **"Atmosphärische Eisenbahn"**. Bei diesem System wurde eine luftdichte Röhre neben den Schienen verlegt. Die Lokomotive hatte keine Dampfmaschine, sondern ein Kolbensystem, das mit der Druckluft in der Röhre arbeitete und den Zug vorwärts bewegte. Diese Technologie wurde jedoch nicht weit verbreitet.

Die "Geisterbahnhöfe"

Ein interessantes Phänomen in der Geschichte der Eisenbahn sind "Geisterbahnhöfe". Während des Kalten Krieges gab es in Deutschland einige stillgelegte Bahnhöfe, die sich im Sperrgebiet zwischen Ost- und Westdeutschland befanden. Diese Bahnhöfe blieben intakt, wurden aber nicht mehr bedient und standen jahrelang leer. Die "Geisterbahnhöfe" entstanden nach dem Bau der Berliner Mauer im Jahr **1961**, die Berlin in zwei Teile trennte. Der innerstädtische Schienenverkehr zwischen Ost- und West-Berlin wurde stark eingeschränkt und streng überwacht. Die "Geisterbahnhöfe" dienten als Symbol der Teilung und wurden von den westlichen Medien und der Bevölkerung als Zeugnis der Unterdrückung wahrgenommen. Es war eine ständige Erinnerung an die Spaltung der Stadt und die Einschränkung der Bewegungsfreiheit. In einigen Fällen wurden spezielle Vorrichtungen installiert, um zu verhindern, dass Menschen von Ost- nach West-Berlin fliehen. Die Bahnhöfe waren mit Gittern oder Glaswänden versehen, um Fluchtversuche zu verhindern. Einige der bekanntesten "Geisterbahnhöfe" in Berlin waren der Bahnhof Friedrichstraße, der Bahnhof Nordbahnhof und der Bahnhof Unter den Linden. Sie blieben jahrelang ungenutzt und leer.

"Lokomotiven sind die Wächter der Geschichte - sie bewahren die Vergangenheit und fahren in die Zukunft."

Die "Pichi Richi Railway"

Die längste kontinuierlich betriebene Dampflokomotivstrecke der Welt befindet sich in Australien. Die "Pichi Richi Railway" in Südaustralien wurde **1879** eröffnet und ist bis heute in Betrieb. Die Strecke erstreckt sich über **40 Kilometer** zwischen Quorn und Port Augusta. Die "Pichi Richi Railway" wurde ursprünglich als Teil der Great Northern Railway erbaut und 1879 eröffnet. Sie wurde hauptsächlich für den Gütertransport in der Region genutzt, spielte aber auch eine wichtige Rolle im Passagierverkehr. Die Strecke verläuft über 40 Kilometer zwischen den Orten Quorn und Port Augusta in Südaustralien. Sie führt durch die malerische Flinders Ranges Region, die für ihre atemberaubende Landschaft und geologischen Formationen bekannt ist. Obwohl die "Pichi Richi Railway" in den **1950er** Jahren durch den Aufstieg der Diesellokomotiven an Bedeutung verlor, blieb sie erhalten und wurde schließlich als Touristenattraktion wiederbelebt. Heute bietet die "Pichi Richi Railway" nostalgische Dampfzugfahrten für Touristen an. Die Passagiere haben die Möglichkeit, die malerische Landschaft der Flinders Ranges zu erleben und die romantische Atmosphäre der Dampflok-Ära zu genießen.

Der "Orient Express"

Eine der bekanntesten historischen Eisenbahnen ist die **"Orient Express"**. Der erste Zug dieser berühmten Luxus-Reisezugverbindung fuhr **1883** von Paris nach Istanbul. Der Orient Express wurde zum Symbol des glamourösen Reisens und inspirierte viele literarische Werke und Filme. Die Idee für den Orient Express stammte vom belgischen Unternehmer Georges Nagelmackers, der eine luxuriöse Zugverbindung zwischen Westeuropa und dem Nahen Osten schaffen wollte. Der Orient Express wurde schnell zum Inbegriff des glamourösen und exklusiven Reisens. Der Zug bot erstklassige Unterkünfte, exquisite Mahlzeiten, exzellenten Service und einen Hauch von Geheimnis und Abenteuer. Der Orient Express wurde von Schriftstellern und Filmemachern als Kulisse für viele Geschichten und Werke genutzt. Eines der bekanntesten Werke, die den Orient Express thematisieren, ist der Roman "Mord im Orient-Express" von Agatha Christie. In den folgenden Jahrzehnten gab es verschiedene Variationen und Neustartversuche des Orient Express mit unterschiedlichen Routen und Betreibern. Heute gibt es eine Reihe von Luxuszügen, die den Namen Orient Express tragen, darunter der Venice Simplon-Orient-Express und der Eastern & Oriental Express.

"Lokomotiven sind wie Kunstwerke auf Schienen - sie faszinieren uns mit ihrer Schönheit und Eleganz."

Der älteste noch existierende Bahnhof

Der älteste noch existierende Bahnhof der Welt befindet sich in Liverpool, England. Der **"Liverpool Road Railway Station"** wurde **1830** eröffnet und diente als Startpunkt der ersten transkontinentalen Eisenbahnverbindung zwischen Liverpool und Manchester. Der "Liverpool Road Railway Station" wurde am **15. September 1830** eröffnet. Sie war Teil der Liverpool and Manchester Railway, der weltweit ersten Eisenbahnstrecke, die speziell für den Personen- und Güterverkehr konzipiert wurde. Der Bahnhof wurde in einem georgianischen Stil erbaut und ist heute Teil des Science and Industry Museums in Manchester. Das Museum zeigt eine umfangreiche Sammlung von Exponaten zur industriellen Revolution, darunter auch eine Nachbildung des berühmten Lokomotivs "Rocket" von George Stephenson, das auf der Strecke fuhr. Der "Liverpool Road Railway Station" spielte eine wichtige Rolle als Startpunkt der ersten transkontinentalen Eisenbahnverbindung zwischen Liverpool und Manchester. Diese Strecke war wegweisend für den Eisenbahnverkehr und revolutionierte den Transport von Waren und Personen.

Die Geschichte der Bahnhofsgebäuden

In den frühen Tagen der Eisenbahn waren die Bahnhöfe oft provisorische Strukturen, bestehend aus Holzbaracken oder einfachen Gebäuden. Diese wurden errichtet, um den zunehmenden Bedarf an Bahnverbindungen zu decken. Mit der wachsenden Bedeutung der Eisenbahn als Transportmittel begann man, den Bahnhöfen eine größere architektonische Bedeutung beizumessen. Bahnhofsgebäude wurden zu repräsentativen Strukturen, die den Stolz und die Bedeutung der jeweiligen Stadt oder Region widerspiegeln sollten. Die architektonischen Stile der Bahnhofsgebäude variierten je nach Zeitraum und Region. Im 19. Jahrhundert waren beispielsweise klassizistische und viktorianische Stile beliebt, während im 20. Jahrhundert der Art-déco-Stil und moderne Designs Einzug hielten. Viele Bahnhofsgebäude wurden zu markanten Wahrzeichen der Städte. Sie wurden mit beeindruckenden Fassaden, Türmen, Kuppeln und anderen architektonischen Merkmalen gestaltet, um einen repräsentativen Eindruck zu hinterlassen. Bahnhofsgebäude wurden nicht nur als funktionale Orte für den Ein- und Ausstieg von Passagieren genutzt, sondern auch als Treffpunkt, Einkaufszentrum und sozialer Raum. Sie beherbergten oft Restaurants, Geschäfte, Hotels und andere Einrichtungen.

"Lokomotiven sind wie Kunstwerke auf Schienen - sie faszinieren uns mit ihrer Schönheit und Eleganz."

Wartebereiche für Männer und Frauen

Einige Bahnhöfe hatten in der Vergangenheit separate Eingänge und Wartebereiche für Männer und Frauen. Diese geschlechtergetrennten Bereiche wurden oft aus sozialen und moralischen Gründen eingerichtet, um die Passagiere zu trennen. In vielen Gesellschaften wurden Geschlechtertrennungen als sozial akzeptabel angesehen. Bahnhöfe waren keine Ausnahme und spiegelten oft die bestehenden geschlechtsspezifischen Normen und Erwartungen wider. Die geschlechtergetrennten Bereiche hatten oft unterschiedliche Wartesäle, Toiletten, Warteräume und manchmal sogar separate Bahnsteige für Männer und Frauen. Die Passagiere wurden aufgefordert, die spezifischen Bereiche zu nutzen, die für ihr Geschlecht vorgesehen waren. Die Trennung von Männern und Frauen in den Bahnhöfen diente in erster Linie der Wahrung der sozialen Normen und der "Anstand". Es wurde angenommen, dass die geschlechtergetrennten Bereiche die Privatsphäre und Sicherheit der Passagiere gewährleisten würden. Diese Praxis der Geschlechtertrennung in Bahnhöfen war jedoch nicht auf alle Bahnhöfe oder Länder beschränkt. Es variierte je nach kulturellen, sozialen und historischen Gegebenheiten.

Die größte Dampflok der Welt

Die größte jemals gebaute Dampflokomotive ist die **"Big Boy"** der Union Pacific Railroad in den Vereinigten Staaten. Die Big Boy-Lokomotiven gehören zur Baureihe **"4000"** und wurden speziell für den Frachtverkehr auf den langen und steilen Strecken des amerikanischen Westens entwickelt. Die Big Boy-Lokomotiven waren ursprünglich für den Einsatz in den **1940er** und **1950er** Jahren konzipiert. Insgesamt wurden **25 Exemplare** gebaut, von denen heute nur noch acht erhalten sind. Die Big Boy-Lokomotiven sind beeindruckende Giganten. Sie sind **40 Meter** lang und wiegen über **1.200** Tonnen. Das markanteste Merkmal der Big Boy-Lokomotiven ist ihr riesiger Kessel. Der Kessel hat einen Durchmesser von über 3 Metern und ist mehr als 28 Meter lang. Die Big Boy-Lokomotiven hatten eine enorme Zugkraft. Sie waren in der Lage, Lasten von bis zu **6.300 Tonnen** zu ziehen, was sie ideal für den Transport von schwerem Güterverkehr machte. Obwohl die Big Boy-Lokomotiven beeindruckende technische Meisterwerke waren, wurden sie mit dem Aufkommen der Diesellokomotiven nach und nach außer Betrieb genommen. Heute werden sie als wertvolle historische Relikte gepflegt und einige sind in Museen ausgestellt.

"Die Faszination der Eisenbahn liegt in ihrer unendlichen Verbindung von Technologie, Geschwindigkeit und Freiheit."

Die erste deutsche Dampflokomotive

Die erste deutsche Dampflok wurde **"Adler"** genannt. Sie wurde im Jahr **1835** von **George Stephenson** in England für die Königlich Bayerische Staatseisenbahnen gebaut. Der Adler war die erste Lokomotive, die in Deutschland kommerziell eingesetzt wurde. Sie spielte eine wichtige Rolle in der Geschichte der deutschen Eisenbahn und legte den Grundstein für den weiteren Ausbau des Schienennetzes im Land. Der "Adler" wurde für die Strecke zwischen Nürnberg und Fürth in Bayern eingesetzt, die am **7. Dezember 1835** eröffnet wurde. Die Dampflok "Adler" war anfangs mit einer Steinkohlefeuerung ausgestattet, wurde aber später auf eine Holzfeuerung umgestellt, da Holz als Brennstoff in der Region reichlich vorhanden war. Der Betrieb der "Adler" war nicht immer reibungslos. Die Strecke zwischen Nürnberg und Fürth wies einige Herausforderungen auf, darunter enge Kurven und Steigungen. Die "Adler" hatte Schwierigkeiten, diese Hindernisse zu überwinden, und musste oft von Pferden unterstützt werden.

Die Tarnfarbe

Während des Zweiten Weltkriegs wurden in Großbritannien einige Lokomotiven mit Tarnfarben bemalt, um sie vor Luftangriffen zu schützen. Diese Tarnfarben sollten dazu beitragen, die Lokomotiven weniger sichtbar und damit weniger anfällig für Angriffe aus der Luft zu machen. Die Idee war, die Lokomotiven in ihrer Umgebung zu verstecken und sie so weniger auffällig zu machen. Einige Lokomotiven erhielten auch die Aufschrift "Quack! Quack!" (Quaken) oder wurden mit Entenbildern bemalt, um den Eindruck zu erwecken, dass es sich um harmlose Enten handelt. Diese Maßnahme sollte die Lokomotiven zusätzlich tarnen und den Gegner in die Irre führen. Es war ein Beispiel dafür, wie man mit Kreativität und Täuschung versuchte, die Feinde zu verwirren und die Sicherheit der Lokomotiven zu erhöhen. Diese ungewöhnliche Tarnmaßnahme war Teil der breiteren Bemühungen, kritische Infrastrukturen wie Eisenbahnstrecken vor möglichen Angriffen zu schützen. Es verdeutlicht auch, wie vielfältig die Strategien und Taktiken waren, die während des Zweiten Weltkriegs angewendet wurden, um den Feind zu überlisten und zu täuschen.

"Die Leidenschaft für Lokomotiven verbindet Menschen über Generationen hinweg - sie schafft eine Gemeinschaft von Entdeckern und Träumern."

Der längste Zug der Welt

Im Jahr 2001 wurde in Australien der längste Zug der Welt zusammengestellt. Der Zug, der für den Transport von Eisenerz genutzt wurde, war beeindruckende **7,3 Kilometer** lang. Er bestand aus **682 Waggons** und wurde von vier Lokomotiven gezogen. Solche langen Züge sind in der Regel typisch für den Transport von Rohstoffen wie Kohle, Erz oder Getreide, bei dem große Mengen über weite Strecken transportiert werden müssen. Australien, das reich an Bodenschätzen ist, nutzt häufig solche langen Zugzusammenstellungen für den Transport von Eisenerz von Bergwerken zu Häfen. Die Länge des Zugs war beeindruckend und verdeutlicht die Leistungsfähigkeit der modernen Zugtechnologie. Solche massiven Zugzusammenstellungen erfordern eine präzise Koordination und sorgen für eine effiziente und wirtschaftliche Beförderung großer Gütermengen.

"Trainy McTrainface"

In Schweden gibt es einen Zug namens **"Trainy McTrainface"**, der seinen Namen durch eine öffentliche Abstimmung erhielt. Der Vorfall erinnert an den berühmten Fall des britischen Forschungsschiffs "Boaty McBoatface". Im Jahr 2017 bat das schwedische Eisenbahnunternehmen MTR Express die Bevölkerung, Vorschläge für den Namen eines neuen Zuges einzureichen. Die Aktion sollte das Interesse der Menschen wecken und sie in den Entscheidungsprozess einbinden. Das Ergebnis war, dass "Trainy McTrainface" zum Gewinner gekürt wurde. Der Name "Trainy McTrainface" war eine humorvolle Anspielung auf den Vorschlag der Öffentlichkeit, der darauf abzielte, dem Zug einen ungewöhnlichen und einprägsamen Namen zu geben. Ähnliche Namensgebungen, bei denen der Name eines Verkehrsmittels humorvoll und absichtlich unkonventionell gewählt wird, haben in der Vergangenheit in anderen Ländern ebenfalls für Aufmerksamkeit gesorgt.

"Züge sind wie Kunstwerke in Bewegung - sie bringen Schönheit und Eleganz in unsere Reisen."

Der "Cat Train"

In Japan gibt es einen Zug namens **"Cat Train"**, der speziell für Katzenliebhaber konzipiert wurde. Der Zug ist Teil der Wakayama Electric Railway und wird als **"Tama Densha"** bezeichnet, benannt nach der berühmten Bahnhofskatze Tama, die eine Art Maskottchen der Eisenbahngesellschaft ist. Der Cat Train ist mit Katzenmotiven und Dekorationen ausgestattet, die das Thema Katzen widerspiegeln. Er hat sogar Katzenohren an den Waggons, um den Zug noch niedlicher aussehen zu lassen. Es ist eine lustige und einzigartige Art, das Reiseerlebnis für Katzenliebhaber zu gestalten. Darüber hinaus erlaubt der Cat Train den Passagieren, ihre Katzen mit an Bord zu nehmen. Es gibt spezielle Bereiche in den Waggons, in denen die Katzen in speziellen Tragetaschen oder Käfigen sicher reisen können. Diese Bereiche sind darauf ausgelegt, den Komfort und die Sicherheit der Tiere sowie der anderen Passagiere zu gewährleisten.

"Sleeper Cafe"

In Japan gibt es tatsächlich ein Café namens "Sleeper Cafe", das in einem echten, stillgelegten Schlafwagenzug eingerichtet ist. Dieses einzigartige Café bietet den Gästen die Möglichkeit, in den originalen Schlafkojen Platz zu nehmen und ihre Mahlzeiten oder Getränke in einer authentischen Zugumgebung zu genießen. Das "Sleeper Cafe" ist für Zugliebhaber und Nostalgiker ein beliebtes Ziel. Die Inneneinrichtung des Cafés spiegelt das Ambiente eines klassischen Schlafwagens wider und erzeugt eine besondere Atmosphäre. Die Gäste können in den gemütlichen Schlafkojen sitzen, die mit bequemen Sitzen und Tischen ausgestattet sind, und ihre Speisen und Getränke inmitten der Zugdekoration genießen. Dieses Konzept verbindet das Erlebnis des Zugfahrens mit der Gastronomie und bietet den Gästen ein einzigartiges und nostalgisches Erlebnis. Es ist eine Möglichkeit, eine Mahlzeit in einer ungewöhnlichen Umgebung zu genießen und gleichzeitig die Faszination für Züge zu erleben. Das "Sleeper Cafe" ist ein Beispiel dafür, wie kreative Ideen und das Thema Züge in der Gastronomie vereint werden können, um den Besuchern ein besonderes Erlebnis zu bieten. Es ist eine weitere interessante Facette der vielfältigen Zugkultur in Japan.

"Die Eisbahn ist eine Metapher für das Leben - manchmal verlaufen die Gleise gerade, manchmal gibt es Kurven, aber letztendlich geht es immer vorwärts."

Die längste dampfbetriebene Eisenbahnstrecke in Großbritannien

Die West Somerset Railway ist eine historische Eisenbahnlinie in England, die als längste dampfbetriebene Eisenbahnstrecke des Landes gilt. Sie erstreckt sich über eine Strecke von ungefähr 32 Kilometern von Bishops Lydeard nahe Taunton bis nach Minehead in der Grafschaft Somerset. Die West Somerset Railway führt durch die wunderschöne Landschaft von Somerset und bietet den Passagieren eine malerische Fahrt durch grüne Hügel, idyllische Dörfer und entlang der Küste. Die Strecke bietet auch die Möglichkeit, historische Bahnhöfe zu erkunden und die nostalgische Atmosphäre vergangener Zeiten zu erleben. Die Züge der West Somerset Railway werden von Dampflokomotiven gezogen, was zu einem besonderen Charme und einer romantischen Stimmung beiträgt. Es ist eine beliebte Attraktion für Eisenbahnenthusiasten, Touristen und Einheimische gleichermaßen, die das Erlebnis einer historischen Zugfahrt in einer reizvollen Umgebung genießen möchten.

"Oamaru Blue Penguin Colony Railway"

m Jahr **2013** wurde in Oamaru, Neuseeland, das **"Oamaru Blue Penguin Colony Railway"** eröffnet. Diese Eisenbahnlinie wurde speziell für die Besichtigung von Blauaugenpinguinen entlang der Küste konzipiert. Die Blauaugenpinguine sind eine bedrohte Pinguinart, die in Oamaru heimisch ist. Die Zugstrecke des Oamaru Blue Penguin Colony Railway führt entlang ihrer natürlichen Lebensräume und bietet den Passagieren eine einzigartige Möglichkeit, diese faszinierenden Kreaturen aus nächster Nähe zu beobachten. Die Züge sind so gestaltet, dass die Passagiere eine gute Sicht auf die Pinguine haben, während sie entlang der Küste fahren. Die Fahrt ist darauf ausgerichtet, die Pinguine nicht zu stören und gleichzeitig den Besuchern ein besonderes Erlebnis zu bieten. Das Oamaru Blue Penguin Colony Railway hat sowohl eine unterhaltsame als auch eine pädagogische Komponente. Während der Fahrt erhalten die Passagiere Informationen über die Pinguine, ihre Lebensweise und den Schutz ihrer Lebensräume.

"Die Faszination für Züge und Lokomotiven liegt in ihrer zeitlosen Eleganz und ihrer Fähigkeit, uns in ferne Welten zu entführen."

"Van Gogh Train"

In den Niederlanden gibt es tatsächlich einen Zug namens "Van Gogh Train", der komplett mit Gemälden des berühmten niederländischen Künstlers Vincent van Gogh verziert ist. Dieser Zug bietet den Passagieren die einzigartige Gelegenheit, während der Fahrt die Kunstwerke des Meisters zu bewundern. Der Van Gogh Train wurde in Zusammenarbeit mit dem Van Gogh Museum in Amsterdam gestaltet. Die Waggons des Zuges sind mit Reproduktionen von Van Goghs berühmten Gemälden geschmückt, darunter Werke wie "Sternennacht", "Sonnenblumen" und "Das Schlafzimmer". Die detailgetreuen Gemälde an den Wänden des Zuges schaffen eine besondere Atmosphäre und ermöglichen den Passagieren, in die Welt von Van Gogh einzutauchen. Während der Fahrt können die Passagiere nicht nur die Kunstwerke bewundern, sondern auch Informationen über das Leben und die Arbeit von Vincent van Gogh erhalten. Der Van Gogh Train bietet somit eine Kombination aus Kunstgenuss und Bildung.

Hochzeitszug namens "Bharat Darshan"

Im Jahr 2018 wurde in Indien der Hochzeitszug "Bharat Darshan" eingeführt, der es Paaren ermöglicht, ihre Hochzeitszeremonie während einer Zugfahrt abzuhalten. Dieser Zug bietet spezielle Hochzeitspakete an, die das Heiraten und Feiern an Bord ermöglichen, während der Zug durch verschiedene Städte und Landschaften fährt. Der "Bharat Darshan" ist eine einzigartige Möglichkeit für Paare, ihre Hochzeit zu einem unvergesslichen Erlebnis zu machen. Die Zugfahrt bietet eine romantische und abenteuerliche Atmosphäre, während die Passagiere die Schönheit Indiens entdecken. Der Hochzeitszug bietet verschiedene Services und Annehmlichkeiten, um den Bedürfnissen der Brautleute gerecht zu werden. Dazu gehören spezielle Dekorationen, ein traditionelles Hochzeitsessen, Musik- und Tanzvorführungen und vieles mehr.
Während der Zugfahrt haben die Paare die Möglichkeit, verschiedene Städte und Landschaften zu besuchen und ihre Hochzeitsfeierlichkeiten an den Haltepunkten zu genießen. Es ist eine einzigartige Möglichkeit, eine traditionelle Hochzeit mit einer unkonventionellen und aufregenden Reise zu verbinden.

"Züge sind die Verbindung zwischen Vergangenheit und Zukunft - sie bewegen sich auf den Gleisen der Geschichte und gestalten gleichzeitig die Wege von morgen."

Der "Cuddle Train"

In Japan gibt es den **"Cuddle Train"**, einen Zug, der speziell für Singles konzipiert ist. Dieser Zug bietet den Passagieren eine einzigartige Möglichkeit, sich in einem entspannten und gemütlichen Ambiente kennenzulernen und potenzielle Partner zu finden. Der Cuddle Train wurde entwickelt, um das traditionelle japanische Konzept des **"Goukon"** (Gruppendate) aufzugreifen und in einem Zugabteil umzusetzen. Das Abteil ist mit bequemen Sitzen und einer entspannten Atmosphäre ausgestattet, um den Passagieren ein angenehmes Umfeld zum Kennenlernen zu bieten. Während der Zugfahrt haben die Passagiere die Möglichkeit, sich in einer ungezwungenen Umgebung zu unterhalten, Spiele zu spielen und gemeinsam Zeit zu verbringen. Es ist eine alternative Möglichkeit, neue Leute kennenzulernen und potenzielle romantische Verbindungen zu knüpfen. Der Cuddle Train ist eine unterhaltsame und innovative Idee, um Menschen zusammenzubringen und neue Beziehungen zu fördern. Er zeigt, wie Züge als soziale Plattformen genutzt werden können, um das Kennenlernen und die Interaktion zwischen Menschen zu erleichtern.

"Barbie Train"

In den Niederlanden gibt es tatsächlich einen Zug namens **"Barbie Train"**, der speziell für Barbie-Fans und junge Mädchen konzipiert ist. Dieser Zug ist vollständig mit Barbie-Puppen und pinken Dekorationen ausgestattet, um eine besondere und märchenhafte Atmosphäre zu schaffen.

Der Barbie Train bietet den Passagieren die Möglichkeit, in einer Umgebung, die der Welt von Barbie nachempfunden ist, zu reisen. Die Waggons sind mit Bildern von Barbie-Puppen geschmückt und das Innendesign ist im typischen Barbie-Stil gehalten.

Der Zug ist besonders bei jungen Mädchen beliebt, die sich für Barbie-Puppen und deren Fantasiewelt begeistern. Es ist eine unterhaltsame und bunte Zugfahrt, die die Vorstellungskraft der jungen Passagiere anregt und ihnen ein besonderes Erlebnis bietet.

Der Barbie Train ist ein Beispiel dafür, wie Züge auf kreative Weise gestaltet werden können, um ein bestimmtes Thema oder eine bestimmte Zielgruppe anzusprechen. Er verbindet die Begeisterung für Barbie-Puppen mit dem Reisen und bietet eine unterhaltsame und einzigartige Zugfahrt für junge Mädchen und Barbie-Fans.

"Die Welt der Züge ist eine Welt der Abenteuer - sie lädt uns ein, unsere Komfortzone zu verlassen und neue Horizonte zu entdecken."

"Great Dome Car"

In den USA gibt es den **"Great Dome Car"**, einen Zugwaggon mit einem gläsernen Dach, das den Passagieren eine **360-Grad-Panoramaaussicht** bietet. Dieser besondere Wagen ermöglicht ein atemberaubendes Erlebnis und eine großartige Möglichkeit, die Umgebung während der Zugfahrt zu genießen. Der Great Dome Car wurde entwickelt, um den Passagieren eine beeindruckende Sicht auf die vorbeiziehende Landschaft zu ermöglichen. Das gläserne Dach erstreckt sich über den Waggon und bietet eine ungehinderte Sicht nach oben. Dadurch haben die Passagiere eine fantastische Aussicht auf Berge, Täler, Flüsse, Wälder und andere natürliche Schönheiten entlang der Strecke. Der Great Dome Car ist in der Regel in speziellen Touristenzügen oder malerischen Zugstrecken zu finden, die für ihre landschaftliche Schönheit bekannt sind. Es ist eine beliebte Option für Zugreisen, da es den Fahrgästen ermöglicht, die Reise noch mehr zu genießen und die Umgebung voll auszukosten. Während der Fahrt im Great Dome Car können die Passagiere entspannen, die Aussicht bewundern und einzigartige Fotomöglichkeiten nutzen. Es ist eine einzigartige und reizvolle Art, das Reisen mit dem Zug zu erleben und die Schönheit der Natur zu genießen.

Die Transsibirische Eisenbahn

Die Transsibirische Eisenbahn ist die längste Eisenbahnstrecke der Welt und erstreckt sich über eine beeindruckende Entfernung von etwa **9.289 Kilometern** von Moskau im Westen Russlands bis nach Wladiwostok im Osten des Landes. Der Bau der Strecke begann **1891** und wurde **1916** abgeschlossen. Die Transsibirische Eisenbahn ist nicht nur eine wichtige Verkehrsverbindung, sondern auch eine faszinierende Reiseroute. Sie durchquert sieben Zeitzonen und führt durch unterschiedlichste Landschaften, darunter dichte Wälder, scheinbar endlose Steppen, majestätische Bergketten und beeindruckende Flusslandschaften. Die Strecke bietet Reisenden einen einzigartigen Einblick in die Weiten Russlands und ermöglicht es ihnen, die Vielfalt des Landes zu erleben. Während der Fahrt können Passagiere verschiedene Städte und Regionen entlang der Strecke erkunden, darunter Jekaterinburg, Nowosibirsk, Irkutsk und den Baikalsee, eine der tiefsten und ältesten Seen der Welt.

"Züge sind wie Geschichten auf Rädern - sie erzählen von Reisen, Begegnungen und den vielen Facetten des Lebens."

"Der Glacier Express"

Der Glacier Express ist eine der bekanntesten Zugstrecken der Schweiz und wurde tatsächlich im Jahr **1930** eröffnet. Er führt durch die atemberaubende Alpenlandschaft und wird oft als eine der schönsten Panoramafahrten der Welt bezeichnet. Die Strecke des Glacier Express erstreckt sich über rund **290 Kilometer** von Zermatt im Kanton Wallis bis nach St. Moritz im Kanton Graubünden. Während der Fahrt durchquert der Zug beeindruckende Bergketten, tiefe Täler, idyllische Dörfer, spektakuläre Schluchten und glitzernde Seen. Was den Glacier Express besonders macht, ist das einzigartige Panoramawagen-Konzept. Die Waggons sind so konstruiert, dass die Passagiere eine ungestörte Aussicht auf die umliegende Landschaft haben. Die großen Panoramafenster ermöglichen eine unvergleichliche Sicht auf die majestätischen Gipfel, die schneebedeckten Gletscher, die saftigen Wiesen und die charmanten Bergdörfer entlang der Strecke.

Der TGV (Train à Grande Vitesse)

Der TGV (Train à Grande Vitesse) wurde **1981** in Frankreich eingeführt und hat das Reisen im Land und darüber hinaus revolutioniert. Als einer der schnellsten Hochgeschwindigkeitszüge der Welt hat der TGV eine beeindruckende Höchstgeschwindigkeit von über **320 km/h** erreicht. Mit dem TGV können Passagiere schnell und komfortabel zwischen verschiedenen Städten und Regionen Frankreichs reisen. Die Strecken des TGV-Netzwerks erstrecken sich über das gesamte Land und verbinden große Städte wie Paris, Lyon, Marseille, Bordeaux, Straßburg und viele andere. Dank des Erfolgs des TGVs hat Frankreich sein Hochgeschwindigkeitszugnetz kontinuierlich ausgebaut und verbessert. Es gibt ständige Bemühungen, die Reisezeiten weiter zu verkürzen und das Netzwerk auf neue Strecken auszuweiten.

"Die Magie der Züge liegt in ihrer Fähigkeit, uns in eine andere Zeit und an einen anderen Ort zu transportieren - sie sind Zeitmaschinen der Moderne."

Der älteste elektrisch betriebene Zug

Der **"Werner von Siemens"** gilt als der älteste elektrisch betriebene Zug der Welt. Er wurde im Jahr **1879** in Berlin, Deutschland, eröffnet und war einer der ersten Züge, der ohne Dampf oder Verbrennungsmotoren betrieben wurde. Der "Werner von Siemens" basierte auf der elektrischen Traktionstechnologie, die von Werner von Siemens entwickelt wurde. Der Zug wurde mit einer elektrischen Stromversorgung ausgestattet, die es ihm ermöglichte, sich ohne den Einsatz von Dampf oder Verbrennungsmotoren fortzubewegen. Die Einführung des "Werner von Siemens" war ein wichtiger Meilenstein in der Entwicklung der elektrischen Traktion und legte den Grundstein für den späteren Einsatz von Elektrozügen weltweit. Der Zug wurde sowohl für den Personen- als auch für den Güterverkehr genutzt und trug zur Modernisierung des Transportwesens bei. Der "Werner von Siemens" repräsentiert einen wichtigen Schritt in der Geschichte des elektrischen Zugverkehrs und die bahnbrechenden Entwicklungen von Werner von Siemens auf dem Gebiet der Elektrotechnik. Seine Pionierarbeit hat den Weg für die moderne elektrische Traktionstechnologie geebnet, die heute eine wichtige Rolle im Schienenverkehr weltweit spielt.

Der Shinkansen

Der Shinkansen, auch bekannt als **"Bullet Train"**, wurde **1964 in Japan** eingeführt und war der erste kommerziell betriebene Hochgeschwindigkeitszug der Welt. Der Shinkansen wurde entwickelt, um den Transport zwischen den großen Städten Japans effizienter zu gestalten. Mit einer beeindruckenden Höchstgeschwindigkeit von über **320 km/h** verkürzte der Shinkansen die Reisezeiten erheblich und bot den Fahrgästen eine schnelle und zuverlässige Möglichkeit, große Entfernungen zurückzulegen. Die Einführung des Shinkansen war ein technologischer Durchbruch. Die Züge waren aerodynamisch gestaltet, um den Luftwiderstand zu minimieren, und wurden auf speziellen, eigens für Hochgeschwindigkeitszüge gebauten Gleisen betrieben. Dies ermöglichte eine reibungslose und stabile Fahrt auch bei sehr hohen Geschwindigkeiten. Der Shinkansen war nicht nur in Japan ein großer Erfolg, sondern wurde auch international als Vorreiter für Hochgeschwindigkeitszüge anerkannt. Die Technologien und das Know-how, die bei der Entwicklung des Shinkansen gewonnen wurden, wurden weltweit übernommen und dienten als Grundlage für den Bau von Hochgeschwindigkeitsstrecken in anderen Ländern.

"Züge sind wie die Adern des Landes - sie durchziehen die Landschaft und bringen Leben, Handel und Verbindung."

Die "Brooklyn Bridge"

Die Brooklyn Bridge in New York City war eine der ersten Brücken, die speziell für den Eisenbahnverkehr ausgelegt waren. Sie wurde am **24. Mai 1883** eröffnet und spielte eine bedeutende Rolle im Eisenbahnsystem von New York City. Die Brooklyn Bridge überspannt den East River und verbindet die Stadtteile Manhattan und Brooklyn miteinander. Sie war nicht nur eine wichtige Verbindung für den Straßenverkehr, sondern auch für den Eisenbahnverkehr. Die Brücke wurde von dem deutschen Ingenieur John Augustus Roebling entworfen und von seinem Sohn Washington Roebling fertiggestellt. Sie gilt als technisches Meisterwerk ihrer Zeit. Die Konstruktion der Brücke basierte auf einem neuartigen Tragwerkssystem, das den Einsatz von Drahtseilen und Stahlkabeln umfasste. Dies ermöglichte eine stabile und belastbare Brückenstruktur. Die Brooklyn Bridge war auch eine der ersten Hängebrücken mit einer Fahrbahn, die sowohl für den Straßenverkehr als auch für den Eisenbahnverkehr ausgelegt war. Der obere Teil der Brücke wurde für den Straßenverkehr genutzt, während der untere Teil speziell für den Eisenbahnverkehr reserviert war.

Der "Flying Scotsman"

Der **"Flying Scotsman"** ist eine legendäre Dampflokomotive, die **1923** in Großbritannien von der Firma London and North Eastern Railway (LNER) gebaut wurde. Sie war bekannt für ihre Geschwindigkeit, Zuverlässigkeit und Eleganz und wurde für den Betrieb des gleichnamigen Expresszuges zwischen London und Schottland eingesetzt. Sie war eine Pionierin in der Entwicklung der Dampflokomotiven und stellte mehrere Rekorde auf. Im Jahr **1934** war sie die erste Dampflokomotive, die offiziell eine Geschwindigkeit von **160 km/h** erreichte. Sie war auch die erste Lokomotive, die eine **non-stop Reise** von London nach Edinburgh durchführte.
Der Flying Scotsman wurde zu einer Ikone des britischen Eisenbahnwesens und repräsentierte den Höhepunkt der Dampflok-Ära. Ihre elegante grüne Lackierung, die Messingbeschläge und das auffällige LNER-Logo machten sie zu einem markanten und beliebten Zug. Im Laufe der Jahre wurde Sie mehrfach restauriert und wieder in Betrieb genommen. Sie wurde von verschiedenen Eigentümern und Organisationen erhalten und gepflegt, um ihre historische Bedeutung zu bewahren. Nach umfangreichen Restaurierungsarbeiten wurde sie **2016** wieder in den Betrieb genommen und ist weiterhin auf besonderen Strecken und Veranstaltungen in Großbritannien zu sehen.

"Die Welt der Züge ist eine Welt der Vielfalt - sie bringt Menschen verschiedener Kulturen, Hintergründe und Träume zusammen."

Die "Royal Train"

Der **"Royal Train"** ist ein speziell für königliche Reisen reservierter Zug, der in vielen Ländern verwendet wird. In Großbritannien gibt es seit dem **19. Jahrhundert** einen eigenen königlichen Zug, der von Mitgliedern der britischen Königsfamilie genutzt wird. Sie bietet den königlichen Familienmitgliedern eine luxuriöse und private Reisemöglichkeit. Der Zug ist mit komfortablen Schlaf- und Wohnbereichen ausgestattet und bietet ihnen eine erstklassige Reiseerfahrung. Der Innenraum des Zuges ist prachtvoll gestaltet und verfügt über elegante Möbel, hochwertige Ausstattung und exquisite Verzierungen. In Großbritannien wird der königliche Zug von der staatlichen Eisenbahngesellschaft "Network Rail" betrieben. Der Zug ist Teil des königlichen Hofstaats und wird für offizielle und repräsentative Zwecke verwendet. Der genaue Zeitplan und die Route des Royal Train werden aus Sicherheitsgründen oft nicht im Voraus bekannt gegeben.

Der "Darjeeling Himalayan Railway"

Der **"Darjeeling Himalayan Railway"** in Indien, auch bekannt als **"Toy Train"**, ist eine bemerkenswerte Schmalspurbahnstrecke, die **1881** eröffnet wurde. Der Toy Train hat sich aufgrund seiner einzigartigen Eigenschaften und des nostalgischen Reiseerlebnisses einen Namen gemacht. Die Strecke ist bekannt für ihre steilen Steigungen, engen Kurven und atemberaubenden Ausblicke auf die umliegende Landschaft. Die Schmalspurbahn ist etwa **86 Kilometer lang** und führt von Siliguri nach Darjeeling. Die Bahngleise des Toy Train sind nur 2 Fuß (ca. 0,61 Meter) voneinander entfernt, was ihn zu einer der schmalsten Bahnen der Welt macht. Die Lokomotiven, Waggons und die gesamte Atmosphäre erinnern an vergangene Zeiten und vermitteln den Passagieren das Gefühl einer Reise in die Vergangenheit. Die **UNESCO** erklärte den Darjeeling Himalayan Railway im Jahr **1999** zum Weltkulturerbe. Die Auszeichnung würdigt die historische und kulturelle Bedeutung der Bahnstrecke und ihr Erbe als technisches Meisterwerk.

"Züge sind wie mobile Kunstwerke - sie vereinen Ästhetik, Technologie und Funktionalität zu einer harmonischen Einheit."

Der "Train to the Clouds"

Der **"Train to the Clouds" (El Tren a las Nubes)** in Argentinien ist eine der beeindruckendsten und höchsten Eisenbahnstrecken der Welt. Die Strecke führt durch die majestätischen Anden und erreicht eine Höhe von über **4.200 Metern** über dem Meeresspiegel. Die Fahrt mit dem "Train to the Clouds" bietet spektakuläre Ausblicke auf die atemberaubende Landschaft der Anden, einschließlich schneebedeckter Gipfel, tiefer Schluchten und malerischer Täler. Die Passagiere können während der Fahrt eine faszinierende Vielfalt an geologischen Formationen und natürlichen Wundern genießen. Allerdings stellt die Fahrt auf dieser Strecke auch eine Herausforderung dar, da sie extreme Höhenlagen und extreme Wetterbedingungen beinhaltet. Die dünne Luft und die steilen Abhänge der Anden können für manche Passagiere anstrengend sein, und es wird empfohlen, sich auf die möglichen Auswirkungen der Höhenkrankheit vorzubereiten. Der "Train to the Clouds" wurde ursprünglich im Jahr **1930** gebaut und diente dazu, abgelegene Bergdörfer in der Region zu verbinden. Heute ist er eine beliebte Touristenattraktion und ermöglicht es Besuchern, die atemberaubende Schönheit der Anden aus einer einzigartigen Perspektive zu erleben.

Der "Cemetery Train"

Der **"Cemetery Train" (Tren de los Finales)** in Spanien ist ein spezieller Zug, der für den Transport von Verstorbenen und Särgen verwendet wird. Der Zug verbindet den Bahnhof Atocha in Madrid mit dem Friedhof von El Escorial, der sich etwa **45 Kilometer** nordwestlich der Hauptstadt befindet. Der Cemetery Train erfüllt eine wichtige Funktion im Bestattungswesen, da er den Transport von Verstorbenen vom Bestattungsinstitut oder Krankenhaus zum Friedhof ermöglicht. Der Zug verfügt über spezielle Wagen, die für den sicheren und würdevollen Transport der Särge ausgestattet sind. Die Idee hinter dem Cemetery Train ist es, den Verwandten und Angehörigen eine praktische und diskrete Möglichkeit zu bieten, den Leichnam ihrer Lieben zum Friedhof zu bringen. Dies ermöglicht es ihnen, den Bestattungsprozess abzuschließen und gleichzeitig den logistischen Herausforderungen des Transports gerecht zu werden. Sie fährt in der Regel außerhalb der regulären Fahrpläne und ist für die Öffentlichkeit nicht zugänglich. Der Zug fährt in einer ruhigen und respektvollen Atmosphäre, um den trauernden Familien und ihren Verstorbenen eine angemessene Reise zu ermöglichen.

"Züge sind die Meister des Rhythmus - ihr gleichmäßiges Klackern auf den Schienen ist wie eine Melodie, die das Herz der Zugliebhaber erfreut."

"Santa Claus Express"

In der kleinen Stadt North Pole in Alaska, USA, gibt es tatsächlich einen Zug namens "Santa Claus Express". Dieser Zug ist einzigartig dekoriert und bietet den Passagieren eine unvergessliche und magische Fahrt durch eine winterliche Landschaft.
Der Santa Claus Express vermittelt eine ganz besondere Weihnachtsstimmung und ist ein beliebtes Ziel für Familien, die auf der Suche nach einem festlichen Erlebnis sind. Der Zug ist mit leuchtenden Lichtern, Weihnachtsschmuck und anderen dekorativen Elementen geschmückt, um eine zauberhafte Atmosphäre zu schaffen.
Während der Fahrt werden die Passagiere mit Unterhaltung und Musik in Weihnachtsstimmung versetzt. Es gibt oft Live-Auftritte von Weihnachtsliedern und die Möglichkeit, mit dem Weihnachtsmann persönlich zu sprechen und Fotos zu machen.
Der Zug fährt oft durch malerische Landschaften, die an eine winterliche Wunderwelt erinnern, und bietet den Passagieren einen Blick auf die umliegende Schönheit Alaskas.

Impressum
© Autor Karl Winter
1. Auflage 2023
Alle Rechte vorbehalten.
Nachdruck, auch auszugsweise, verboten.
Kein Teil dieses Werkes darf ohne schriftliche Genehmigung des Autors in irgendeiner
Form reproduziert, vervielfältigt oder verbreitet werden.
Kontakt: Michel Schubert/ Danzigerstr. 12 / Büren
Covergestaltung: Autor Pseudonym
Coverfoto: depositphotos.com / pixabay.com

Printed in Great Britain
by Amazon

32286921R00055